La Forêt de Sénart.

Prix : 1 fr. 50 c.

IMPRIMERIE DE E. DUVERGER,
RUE DE VERNEUIL, N° 4.

LA FORÊT DE SÉNART,

OU
LA PARTIE DE CHASSE
DE
HENRI IV,

OPÉRA-COMIQUE EN TROIS ACTES,

d'après Collé ;

PAROLES AJUSTÉES SUR LA MUSIQUE DE MOZART, BEETHOVEN, CH.-M. WEBER, ROSSINI, MEYERBEER, ETC.,

Par M. CASTIL-BLAZE.

REPRÉSENTÉ, POUR LA PREMIÈRE FOIS, A PARIS, SUR LE THÉATRE ROYAL DE L'ODÉON, LE 14 JANVIER 1826.

A PARIS,
CHEZ CASTIL-BLAZE,
RUE DU FAUBOURG MONTMARTRE, N° 9,
PRÈS DU BOULEVART.

1826.

PERSONNAGES.	ACTEURS.
HENRI IV, roi de France.	M. Lecomte.
LE DUC DE BELLEGARDE.	M. Adolphe.
LE MARQUIS DE CONCINI.	M. Latappy.
MICHEL-RICHARD, surnommé Michau, meûnier à Lieursain.	M. Camoin.
RICHARD, son fils, amoureux d'Hélène.	M. Leon-Chapelle.
LUCAS, paysan, amoureux de Catau.	M. Leon-Bizot.
COLAS, bûcheron.	M. Saint-Preux.
PREMIER BRACONNIER.	M. Rihoelle.
DEUXIÈME BRACONNIER.	M. Masson.
LE GARDE-CHASSE de Lieursain.	M. Tanquerelle.
MARGOT, femme de Michau.	Mme Camoin.
CATAU, sa fille.	Mlle D'Orgebray.
HÉLÈNE, paysanne de Lieursain.	Mme Montano.
CORYPHÉE dessus.	Mlle Virginie.
CORYPHÉE ténor.	M. Frédéric.

Au premier acte, la scène se passe à l'entrée de la forêt de Sénart ;

Au second acte, au milieu de la forêt ;

Au troisième acte, dans la maison de Michau, à Lieursain.

LA FORÊT DE SÉNART,

OPÉRA-COMIQUE.

ACTE PREMIER.

Le théâtre représente l'entrée de la forêt de Sénart, du côté de Lieursain. Les chasseurs arrivent des deux côtés de la scène.

SCÈNE PREMIÈRE.

CHASSEURS.

INTRODUCTION *.

Au signal soyons prêts,
De nos sombres forêts
Allons troubler la paix.
Le cor nous appelle à la chasse,
Suivons le roi dans les forêts.
Allons signaler notre audace,
Qu'il applaudisse à nos succès.
Le daim si rapide,
La biche timide
Vont tomber sous nos coups.

* Ce chœur est tiré de *l'Armito dé San-Jaqué*, opéra provençal.

Partons; on nous attend au rendez-vous.
   La trompe au loin résonne;
   Faisons notre devoir:
   Mon ame s'abandonne
   Au plus flatteur espoir.

Au signal soyons prêts, etc.

(Les chasseurs se retirent par le côté gauche; Lucas et Catau arrivent du côté opposé.)

SCÈNE II.

LUCAS, CATAU.

LUCAS.

Parguenne, mam'selle Catau, entendais-vous ces corneux-là? Encore un coup, v'nais-vous-en voir la chasse avec moi.

CATAU.

Oh! Lucas, je n'ons pas le temps, il faut que je nous en retournions cheux nous.

LUCAS.

Dame, c'est que ça n'arrive pas tous les jours, au moins, que la chasse vienne jusqu'à Lieursain... J'y verrons peut-être notre bon roi Henri.

CATAU.

Vraiment j'aurions ben envie de l'voir, car je ne l'connaissons pas pus qu' toi, Lucas; mais il se fait tard; ma mère m'attend; il faut que je l'y aide à faire le souper. Mon frère Richard arrive ce soir.

LUCAS.

Quoi! M. Richard arrive ce soir? Queu plaisir!

queu joie!... J'espérons qu'il déterminera à mon mariage avec vous M. Michau, vot' père, qui barguigne toujours... Mais, parguenne! c'est ben mal à vous de ne m'avoir pas déjà dit c'te nouvelle-là.

CATAU.

Est-ce que j'ai pu vous le dire plus tôt donc? je viens de l'apprendre tout à c'te heure.

LUCAS.

Hé bian! fallait me la dire tout d'suite.

CATAU.

Queu raison! est-ce que je pouvais vous dire ça paravant que d'vous avoir rencontré?

LUCAS.

Bon! vous pensiais bian à me rencontrer, tant seulement : vous ne pensiais qu'à courir après la chasse. Est-ce là de l'amiquié donc, quand on a une bonne nouvelle à apprendre à quelqu'un?

CATAU, à part.

Mais voyez donc queu querelle il me fait, pendant que je n'ai voulu voir la chasse que parce que je savais ben que je l'rencontrerions en chemin, ce bijou-là!.... et il faut encore qu'il me gronde!.... (*haut.*) Allez, vous êtes un ingrat!

LUCAS, d'un air tendre.

Oh! pardon, mam'selle Catau; c'est que j'ignorions tout ça, nous... Dame, voyais-vous, c'est que j'vous aimons tant, tant, tant!...

CATAU.

Hé, pardi! j'vous aimons ben aussi, nous, M. Lucas; mais je n'vous grondons pas que vous ne l'méritiais.

LUCAS, riant.

Oh, tatigué! vous me grondais ben queuquefois sans que j'le méritions... Par exemple, hier encore, devant M. et Mme Michau, ne me grondîtes-vous pas d'importance à propos de c'te dévergondée d'Hélène, qui a pris sa volée avec ce jeune seigneur? Dirais-vous encore que j'avions tort?...

CATAU, d'un air mutin.

Oui, sans doute, je le dirais encore; je ne saurais croire, moi, qu'Hélène se soit en allée exprès avec ce monsieur... c'est une fille si raisonnable! elle aimait tant mon frère Richard!... Allais, allais, il y a quelque chose à cela que je n'comprenons pas.

LUCAS, en se moquant.

Oh! jarnigoi!... je le comprends bian, moi.

CATAU.

Oh! tiens, Lucas, ne renouvelons pas c'te querelle-là; car je te gronderions encore, si j'en avions le temps; mais j'ons affaire... Adieu, Lucas.

LUCAS.

Adieu, méchante...

CATAU, lui jetant son bouquet au nez.

Méchante... Tiens, v'là pour t'apprendre à parler.

(Elle s'en va; Hélène paraît.)

LUCAS, ramassant le bouquet.

Attendais donc, attendais donc!

(Il la suit.)

SCÈNE III.

HÉLÈNE.

RÉCITATIF.

Que l'aspect de ces lieux pour mon cœur a de charmes !
　　Auprès d'un père et d'un amant,
Trop malheureuse Hélène, en ce fatal moment,
　　Trouveras-tu la fin de tes alarmes ?
D'un cruel ravisseur j'abhorre le transport,
　　J'échappe à sa main criminelle.
　　Oui, plutôt que d'être infidèle,
　　Hélène eût préféré la mort.

AIR *.

　Toi que j'aime pour la vie,
　O Richard ! connais mon malheur.
　Sans doute alors de ton amie
　Tu viendras calmer la douleur.
　　D'une amour toujours constante
　　Mon cœur a brûlé pour toi :
　　Ton Hélène est innocente,
　　Elle t'a gardé sa foi.

---

* Mozart, cantate.

SCÈNE IV.

HÉLÈNE, LUCAS.

LUCAS.

Que vois-je? ons-je la berlue?.... avec tous ces beaux ajustorions-là, c'est mam'selle Hélène, Dieu me pardonne!

HÉLÈNE.

C'est moi-même, mon cher Lucas.... de grace! écoute-moi un moment.

LUCAS.

Tatigué! comme vous v'là brave, mam'selle Hélène! vous v'là vêtue comme une princesse....! vous arrivais donc de Paris... de la cour?.. faut que vous y ayez fait une belle forteune depuis six semaines qu'vous êtes disparue de Lieursain! M. Jérôme, vot' père, qu'est le pus petit fermier de ce canton, il n'a pas dû vous reconnaître..... Allais, vous devriez mourir de pure honte!

HÉLÈNE.

Hélas! les apparences sont contre moi; mais je ne suis point coupable. Le marquis de Concini m'a fait enlever malgré moi, et m'a fait conduire à Paris. Ce cruel m'a tenue six semaines dans une espèce de prison..... Ma vertu, mon courage et mon désespoir m'ont prêté les forces nécessaires pour me tirer de ses mains. Je me suis échappée; j'arrive à l'instant, je n'ai pas pu quitter ces habits, qu'on m'avait forcée de prendre, et qui paraissent déposer contre mon honneur.

LUCAS, d'un air moqueur.

Déposer contre mon honneur!... les biaux tarmes. comme ça est bian dit! v'là ce que c'est que d'avoir

ACTE I, SCÈNE IV.

demeuré, depuis vot' enfance jusqu'à l'âge de quatorze ans, cheux c'te signora Galigaï, là ousque ce marquis de Concini est devenu vot' amoureux. Dame! d'avoir été élevée cheux ces grands seigneurs ça vous ouvre l'esprit d'une jeune fille, ça! ça vous a appris à bian parler..... et à mal agir..... Mais parce qu'ous avais de l'esprit, pensais-vous pour ça que je sommes des bêtes, nous...? Croyais-vous que je vous crairons? Tarare! comme je sis la dupe de c'te loquence-là!

HÉLÈNE.

Mais, Lucas, je t'assure.....

LUCAS.

C'est indigne à vous d'avoir mis comm' ça le trouble dans not' village.... d'avoir arrêté tout court nos mariages..... j'étais près d'épouser, moi, mam'selle Catau, la sœur de M. Richard. M. Michau, qu'est le plus riche meûnier de ce royaume, vous aurait mariée vous-même à M. Richard, son fils, qu'est un garçon d'esprit, qu'a fait ses études à Melun, qui parle comme un livre, de même que vous.....

HÉLÈNE.

Puisque tu ne veux pas m'entendre, dis-moi du moins si Richard est ici.

LUCAS.

Non, il n'y est pas; il n'y sera que ce soir. N'a-t-il pas eu la duperie d'aller pour vous à Paris, mam'selle, à celle fin de demander justice à not' bon Roi, qui ne la refuse pas pus aux petits qu'aux grands?

HÉLÈNE, à part, en soupirant.

Que je suis malheureuse!... comment me justifier!... (*haut.*) Sans que je puisse m'en plaindre, Richard aura toujours droit de concevoir des soupçons odieux.

LUCAS.

Il aurait grand tort d'en consarver, oui...! bon! vous larmoyez...! Eh! ouiche! tous ces pleurs de femmes-là sont de vraies attrape-minettes.

HÉLÈNE.

Hélas! je te pardonne de ne pas me croire sincère... mais, si ce n'est pas pour moi, du moins, par amitié pour Richard, rends-lui un service.... c'est pour lui que tu agiras.

LUCAS.

Voyons : queuque c'est, mam'selle?

HÉLÈNE.

C'est un service qui tend à me justifier vis-à-vis de mon amant, s'il est possible... de grace, rends-lui cette lettre, que je lui écrivais à tout hasard.

DUO *.

A mes larmes sois sensible!
Pour me justifier auprès de mon amant,
Aide-moi, s'il est possible.
Tu vois l'excès de mon tourment.

LUCAS.

Ah! mon ame est attendrie;
Malgré votre perfidie,
Vous pouvez compter sur moi,
Je vous en donne ici ma foi.

HÉLÈNE.

Tu vois ma peine mortelle.

LUCAS.

Vous m'avez attendri; je vois votre embarras;
Mais en votre faveur je ne parlerai pas.

* Meyerbeer, *l'Esule di Granata*.

ACTE I, SCÈNE IV.

HÉLÈNE.
A Richard je suis fidèle.

LUCAS.
Vous avez beau pleurer, ne croyez pas pour ça
Que mon ami Richard aujourd'hui vous croira.

HÉLÈNE.
Porte-lui du moins cette lettre.

LUCAS.
Donnez-la-moi, je veux ben la remettre;
Mais en votre faveur je ne parlerai pas.

HÉLÈNE.
Il connaîtra mon innocence;
Que cet écrit touche son cœur,
Il reviendra de son erreur :
De le persuader je garde l'espérance.

LUCAS.
Vous vous flattez d'un vain espoir.
De moi Richard va tout savoir,
Et l'éclairer est mon devoir.

HÉLÈNE.
Une funeste apparence
Vient ajouter à mon malheur.

LUCAS.
Il est trop sûr de son offense;
Rien ne pourra changer son cœur.

HÉLÈNE.
Oui, je saurai toucher son cœur.
Amour, j'implore ta faveur!
Il reviendra de son erreur.

(Elle s'éloigne.)

SCÈNE V.

LUCAS, *mettant la lettre dans sa poche.*

Comme ces femelles avons les larmes à commandement ! Ça pleure quand ça veut déjà, et d'un..... et pis, quand il s'agit de leux honneur, ces filles vous font d'zhistoires..... d'zhistoires..... qui n'ont ni père, ni mère ; et presque toujours, nous autres hommes, après avoir bian bataillé pour ne les pas craire, j'finissons toujours par gober ça. Je sommes assez benêts pour ça... Et d'ailleurs c'te petite mijaurée-là, qui par son équipée m'a reculé, à moi, mon mariage avec ma petite Catau, que j'aimons de tout not' cœur ! c'est-il pas endêvant ça ?... Mais l'ami Richard devrait être arrivé..... hé mais ! c'est l'y même.

SCÈNE VI.

RICHARD, LUCAS.

LUCAS.

Pardi, M. Richard, que je vous embrassions !..... encore, morgué ! encore, je ne m'en sens pas d'aise, mon ami !

RICHARD.

Ah ! mon cher Lucas, j'ai plus besoin de ton amitié que jamais ! mon malheur est sans ressource ; Hélène !...... mais oublions-la..... je ne la veux voir de ma vie.

ACTE I, SCÈNE VI.

LUCAS.

Oh! vous ferez très bian..... All' est ici, c'tapendant.

RICHARD, très vivement.

Elle est ici? elle est ici?

LUCAS.

Oui, all' est ici de tout à c't'heure. All' m'est déjà venu mentir sur tout ça, et pour se justifier, ce dit-elle. All' m'a même baillé pour vous eune lettre que j'ons là.

RICHARD, encore plus vivement.

Quoi! tu as une lettre d'elle, et pour moi? Donne donc.

LUCAS, lui montrant la lettre.

Tenais, la v'là; mais croyais-moi, déchirons-la sans la lire; gnia que des faussetés là-dedans.

RICHARD, la lui arrachant.

Eh! donne toujours. (*Il ouvre la lettre et la lit tout bas.*)

LUCAS.

Mais lisais donc tout haut, que je voyons c'qu'all' chante.

RICHARD, continuant.

« Nul danger ne m'effraiera, je crains moins la
« mort que de cesser d'être digne de vous. Je vous
« écris cette lettre sans savoir par où ni par qui vous
« la faire tenir. C'est un bonheur que je n'attends
« que du ciel qui doit protéger l'innocence..... Je
« vous aime toujours, je n'aimerai jamais que.....
« Mais je m'aperçois que la petite porte du jardin
« est ouverte..... ma fenêtre n'est pas bien haute...
« avec mes draps je pourrai... j'y vole. »

Ah, ciel! elle sera descendue par la fenêtre!... Eh! si elle s'était blessée, Lucas?

Avec plaisir, le Prince, croyez-moi,
Accepte cet hommage.

CHOEUR.

Oui, semons de fleurs son passage ;
Cueillons des fleurs pour les offrir à notre roi.

LUCAS.

Le doux printemps nous rend les roses ;
Venez, amans, all' sont écloses ;
Mais le laurier s'élève en tous les temps
Aux lieux où d'notre roi brilla l'courage.

CHOEUR.

Oui, semons de fleurs son passage ;
Cueillons des fleurs pour les offrir à notre roi.

CATAU.

Henri-le-Grand, par sa vaillance,
Soutient la gloire de la France ;
Mais tous les cœurs se rangent sous sa loi :
De notre bon Henri c'est le partage.

CHOEUR.

Oui, semons de fleurs son passage,
Cueillons des fleurs pour les offrir à notre roi.

LUCAS.

C'est ben raisonné ; vos bouquets sont charmans, c'tapendant vous ne pourrez pas les présenter au Roi, j'sis ben fâché de vous l'dire.

CATAU.

Et pourquoi donc?

LUCAS.

Fallait être pus diligentes, vous arrivais trop tard ; la chasse est déjà si loin, si loin qu'l'on n'entend pus les cors.

CATAU.

Eh bien ! nous attendrons son retour.

ACTE I, SCÈNE VIII.

LUCAS.

Très volontiers, surtout avec vous, main'selle Catau, mais le jour commence à tomber un tantinet, et le temps ne me paraît pas ben sûr.

FINALE *.

Voyez ce nuage ;
Redoutons l'orage :
Rentrons au village,
Amis, suivez mes pas.
Cherchons un asile,
Un abri tranquille.
Le tonnerre les vents redoublent leurs fracas.

CHOEUR.

Voyez ce nuage, etc.

LUCAS, CATAU, et DEUX CORYPHÉES.

Ah ! quel dommage !
Maudit orage !
Le Roi vient au village :
Nous ne pouvons le voir.
Mais comment faire ?
Destin contraire,
Tu viens tromper un aussi doux espoir.

CHOEUR.

Voyez ce nuage ;
Redoutons l'orage :
Rentrons au village,
Amis, suivez mes pas.
Cherchons un asile,
Un abri tranquille.
Le tonnerre et les vents redoublent leur fracas;

CATAU.

L'oiseau de ce bocage,

---

* Ch. M. Weber, *Euriante*.

LA FORÊT DE SÉNART,

Caché sous le feuillage,
A fait trêve à son ramage,
Tout redouble son effroi.

CHOEUR.

Ah! quel dommage!
Rentrer au village;
Partir sans voir le Roi!
Cherchons un asile,
Un abri tranquille;
Ne nous arrêtons pas.
Le tonnerre et les vents redoublent leur fracas [*].

(Ils se retirent. L'orage éclate avec violence. Quelques paysans traversent encore le théâtre, et se sauvent du côté du village. La décoration change; il fait nuit: l'orage continue toujours: il s'apaise enfin. On entend un bruit de chasse dans l'éloignement. Bellegarde et Concini entrent en scène au moment où l'orchestre cesse de jouer; et le second acte commence sans interruption.)

FIN DU PREMIER ACTE.

[*] Orage de la symphonie pastorale de Beethoven.

ACTE SECOND.

Intérieur de la forêt; au fond est un rocher. La nuit est obscure.

SCENE PREMIERE.

BELLEGARDE, CONCINI, *arrivant dans l'obscurité, et en tâtonnant.*

CONCINI.

Nous avons manqué nos relais, M. de Bellegarde; cela est cruel!

BELLEGARDE.

Ah! d'autant plus cruel, mon cher Concini, que nos chevaux ne peuvent plus même aller le pas. Comme la nuit est noire!

CONCINI.

L'on n'y voit point du tout. J'ai même de la peine à vous distinguer. Il faut que ce damné cerf nous ait fait faire un chemin...

BELLEGARDE.

Un chemin de diable...! quel cerf...! il s'est fait battre d'abord pendant trois heures dans ces bois de Chaillis; il passe ensuite la rivière, nous fait traverser la forêt de Rougeant, où il tient encore deux mortelles heures. Il nous conduit enfin bien avant dans Sénart, où nous sommes...

CONCINI.

Sans savoir où nous sommes.

BELLEGARDE.

Cela est agréable... et surtout pour un galant chevalier comme moi, qui devait, ce soir même, mettre fin à une aventure des plus brillantes... soit dit, entre nous, sans vanité et sans indiscrétion.

CONCINI.

Et moi qui viens d'apprendre que ma petite paysanne a pris la fuite.

BELLEGARDE.

Hélène s'est sauvée de chez vous...? je ne conçois rien à cela. Comment! eh! à quoi en étiez-vous donc avec elle?

CONCINI.

Oh! à rien; ce qui s'appelle à rien.

BELLEGARDE.

Eh! mais, cela est fabuleux, ce que vous voulez me faire croire là.

CONCINI.

C'est que c'est une vertu!... c'étaient des fureurs!... Quoi donc! une fois n'a-t-elle pas voulu se donner la mort avec un couteau qu'elle trouva sous sa main, et que j'eus toutes les peines du monde à lui arracher?

BELLEGARDE.

Fort bien! continuez, monsieur, vous rendez de plus en plus votre petit roman très vraisemblable; car enfin, rien n'est plus commun que de voir une femme se tuer, surtout quand on l'en empêche.

CONCINI, vivement.

Oh, parbleu! elle ne jouait pas; elle y allait bon jeu, bon argent.

ACTE II, SCÈNE I.

BELLEGARDE, d'un ton badin.

Tout de bon, cela était sérieux?... mais c'est du vrai tragique. Je pense au Roi, cependant; peut-être n'a-t-il été suivi de personne. La nuit est sombre, je crains qu'il ne lui arrive quelque accident.

CONCINI, d'un air indifférent.

Bon! quel accident voulez-vous qu'il lui arrive?

BELLEGARDE.

Ne peut-il pas être rencontré par un braconnier... par quelque voleur?... ces forêts en sont remplies.

SCENE II.

BELLEGARDE, CONCINI, COLAS.

COLAS, avant d'entrer.

CHANSON. *

Je suis un bûcheron,
Je suis un vrai luron
Qui travaille et qui chante,
Si j'ai l'ame contente,
C'est au bon vin que je le dois.
   Gloire
A la treille qui nous fait boire!
Faut pas se chauffer de son bois.
   La, la, la, etc.

(Il entre.)

Je crains peu les voleurs,
J'ai bravé les ligueurs

---

* *Faï le lou tigné blu panturle*, chanson du temps de François Ier.

Qu'on redoute au village.
Si j'ai tant de courage,
C'est au bon vin que je le dois.
Gloire
A la treille qui nous fait boire !
Faut pas se chauffer de son bois.
La, la, la, etc.

BELLEGARDE, à Colas, en l'arrêtant.

Qui va là?... Qui es-tu?...

COLAS, jetant son bois de frayeur, et tombant aux genoux de Bellegarde.

Miséricorde! Messieurs les voleurs, ne me tuais pas.... Mon cher monsieur, si vous êtes leux capitaine, ordonnais leux qu'ils me laissiont la vie.... La vie, M. le capitaine, la vie !... v'là quatre patards et trois carolus, c'est tout ce que j'avons.

CONCINI, à Bellegarde.

Vous, capitaine de voleurs, mon cher duc, cela est piquant, au moins ; mais très piquant.

BELLEGARDE.

Lève-toi, mon bon homme, lève-toi. Nous ne sommes point des voleurs, mais des chasseurs égarés, qui te prions de nous conduire au plus prochain village.

COLAS.

Hé, parguenne, messieurs, vous n'êtes qu'à une portée de fusil de Lieursain.

CONCINI.

De Lieursain, dis-tu?

COLAS.

Oui, monsieur, et vous n'avez qu'à me suivre.

BELLEGARDE.

Bien nous prend que ce soit si près, car nous sommes excédés de lassitude.

ACTE II, SCÈNE II.

CONCINI.

Et nous mourons de faim.... Dites-moi, l'ami, trouverons-nous là de quoi...

COLAS.

Oh! oui, car je vons vous mener chez le garde-chasse de ce canton. Vous y trouverais des lapins par centaine; car ces gens-là y mangiont les lapins, eux, et les lapins nous mangiont, nous.

BELLEGARDE.

Tiens, mon pauvre garçon, voilà un Henri, conduis-nous.

CONCINI.

Tiens encore.... Hé bien! nous crois-tu toujours des voleurs?

COLAS.

Au contraire, et grand merci, mes bons seigneurs, suivais-moi.... Dame! si je vous ont pris pour des voleurs, c'est que c'te forêt-ci en fourmille; car depuis nos guerres civiles, beaucoup de gens avont pris c'te profession-là.

BELLEGARDE.

Allons, allons, conduis-nous, et marche le premier.

COLAS.

Venais, venais par ce petit sentier; par ilà, par ilà.

(Ils s'éloignent tous les trois.)

LA FORÊT DE SÉNART,

SCENE III.

OFFICIERS DU ROI, CHASSEURS, PIQUEURS.

(Ils entrent les uns après les autres, les officiers et les chasseurs restent sur la scène ; les piqueurs montent sur le rocher, et sonnent de la trompe.)

CHOEUR.*

Restons, amis, restons encor.
Cherchons, faisons sonner le cor.
Déjà la nuit avance,
Hélas! je perds toute espérance.
Chasseurs égarés dans les bois,
Venez, accourez à nos voix.

(Les piqueurs cessent de sonner ; ils cherchent de tous côtés. Les chasseurs et les officiers se réunissent au milieu du théâtre, et disent à part :)

Nuit funeste ! ton silence
Vient accroître mon effroi.
O divine Providence,
Daigne veiller sur notre roi !

(Les piqueurs sonnent très fort ; l'écho répète l'appel des trompes.)

L'écho répète seul nos chants.
Nos soins, nos vœux sont impuissants.
Ah! quelle peine extrême!
Quand nous cherchons le Roi lui-même.
Chasseurs égarés dans les bois,
Venez, accourez à nos voix.

(Ils s'éloignent.)

* Ch. M. Weber, *Euriante.*

SCENE IV.

HENRI.

Où vais-je..? où suis-je? le son du cor m'a dirigé de ce côté ; où cela me conduit-il...? Ventresaingris! je marche depuis deux heures sans pouvoir trouver l'issue de cette forêt... Arrêtons-nous un moment, et voyons... parbleu! je vois... que je n'y vois rien. Il fait une obscurité de tous les diables...! (*tâtant avec son pied.*) Ceci n'est point un chemin battu, ce n'est point une route ; je suis en plein bois...! Allons, je suis égaré tout de bon... c'est ma faute. Je me suis laissé emporter trop loin de ma suite, et l'on sera en peine de moi. C'est tout ce qui me chagrine.

AIR.*

Charmante Gabrielle,
En vain ma voix t'appelle.
Dans sa peine cruelle,
Viens consoler ce tendre cœur.
De sa crainte mortelle
Adoucis la rigueur.
Faut-il courir aux armes?
Au milieu des alarmes,
Comme les anciens preux,
Toujours, toujours ma dame
Est présente à mes yeux ;
Ses charmes, son image,
Enflamment ce courage,
Et je sers tour à tour
Et la gloire et l'amour.

(On tire un coup de fusil; Henri met la main sur la garde de son épée.)

* Rossini, *Turco in Italia.*

Il y a ici quelques voleurs; tenons-nous sur nos gardes...

SCENE V.

HENRI, DEUX BRACONNIERS.

PREMIER BRACONNIER.

Es-tu sûr de l'avoir mis à bas?

DEUXIEME BRACONNIER.

Oui, c'est une biche, il me semble l'avoir entendue tomber.

HENRI, à part.

Ce sont des braconniers; je vois cela à leur entretien.

PREMIER BRACONNIER, à son camarade.

Ne dis-tu pas que tu la tiens?

DEUXIÈME BRACONNIER.

Tu rêves creux, je n'ai point parlé.

PREMIER BRACONNIER.

Si ce n'est pas toi qui a parlé, il y a donc ici quelqu'un qui nous guette... je me sauve, moi.

DEUXIÈME BRACONNIER, à part.

Parguenne! et moi je m'enfuis.

HENRI.

Eh! messieurs... messieurs...! Bon! ils sont déjà bien loin... Ils auraient pu me tirer d'ici, et me voilà tout aussi avancé que j'étais.

SCENE VI.

HENRI, MICHAU, *ayant deux pistolets à sa ceinture, et une lanterne sourde à la main.*

MICHAU, saisissant Henri par le bras.

Oh! j'tenons le coquin qui vient de tirer sur les cerfs de not' bon roi... Qu'êtes-vous? allons, qu'êtes-vous?

HENRI, hésitant.

Je suis... je suis... (*à part, en se boutonnant pour cacher son cordon bleu.*) Ne nous découvrons pas.

MICHAU.

Allons, coquin, répondais donc. Qu'êtes-vous?

HENRI, riant.

Mon ami, je ne suis point un coquin.

MICHAU.

M'est avis que vous ne valais guère mieux, car vous ne répondez pas net. Qu'est-ce qu'a tiré ce coup de fusil que je venons d'entendre?

HENRI.

Ce n'est pas moi, je vous jure.

MICHAU.

Vous mentais, vous mentais.

HENRI.

Je ments..? je ments..? (*à part.*) Il me semble bien étrange de m'entendre parler de la sorte... (*à Michau.*) Je ne mens point, mais...

MICHAU.

Mais... mais... mais... je n'sons pas obligé de vous craire. Quel est vot' nom?

HENRI, en riant.

Mon nom... mon nom?

MICHAU.

Vot' nom, oui, vot' nom. N'avous pas de nom? D'où venais-vous? Queuque vous faites ici?

HENRI, à part.

Il est pressant... (*à Michau.*) Mais voilà des questions... des questions...

MICHAU.

Qui vous embarrassont... je voyons ça... si vous étiais un honnête homme, vous ne tortilleriais pas tant pour y répondre. Mais c'est que vous ne l'êtes pas, et, dans ce cas-là, qu'on me suive cheux le garde chasse de c'canton.

HENRI.

Vous suivre? et de quel droit? de quelle autorité?

MICHAU.

De queu droit? du droit que je nous arrogeons, tous tant que nous sommes de paysans ici, de garder les plaisirs de not' maître... Dame! c'est que, voyais-vous, d'inclination, par amiquié pour not' bon roi, tous l's'habitans d'ici l'y sarvont de gardes-chasse, sans être payés pour ça, afin que vous l'sachiais.

HENRI, à part, et d'un ton très attendri.

M'entendre dire cela à moi-même..! ma foi, c'est une sorte de plaisir que je ne connaissais pas encore.

MICHAU.

Queuque vous marmotais là tout bas? Allons, allons, qu'on me suive.

HENRI, d'un ton de badinage.

Je le veux bien,... mais auparavant voudriez-vous bien m'entendre? me ferez-vous cette grace-là?

ACTE I, SCÈNE VI.

MICHAU, d'un ton badin.

C'est, je crais, pus qu'vous n'méritais. Mais voyons ce qu'ous avais à dire pour vot'défense.

HENRI, toujours d'un ton badin.

Je vous représenterai bien humblement, monsieur, que j'ai l'honneur d'appartenir au Roi, et que, quoique je sois un des plus minces officiers de sa majesté, je suis aussi peu disposé que vous à souffrir qu'on lui fasse tort. J'ai suivi le Roi à la chasse. Le cerf nous a mené de la forêt de Fontainebleau jusqu'en celle-ci; je me suis perdu, et...

MICHAU.

De Fontainebleau, le cerf vous mener à Lieursain? ça n'est guère vraisemblable.

HENRI, à part.

Ha! ha! je suis à Lieursain!

MICHAU

Ça se peut pourtant. Mais pourquoi avous quitté, avous abandonné not' cher roi à la chasse? ça est indigne, ça...

HENRI.

Hélas! mon enfant, c'est que mon cheval est mort de lassitude.

MICHAU.

Fallait le suivre à pied, morgué! s'il y arrive queuqu'accident, vous m'en répondrais, déjà! Mais, tenais, j'ons bian de la peine à vous craire... Là, dites-moi, là, dites-vous vrai?...

HENRI.

Encore un coup, je vous dis que je ne ments jamais.

MICHAU, à part.

Queu chien de conte! ça vit à la cour, et ça ne ment jamais! Hé! c'est mentir, ça.

HENRI, légèrement.

Eh bien! monsieur l'incrédule, donnez-moi retraite chez vous, et je vous convaincrai que je dis la vérité. Pour commencer, voici d'abord une pièce d'or; et demain je vous promets de vous payer mon gîte au delà même de vos souhaits.

MICHAU.

O tatigué! je voyons à présent que vous dites vrai, vous êtes de la cour : vous baillez une bagatelle aujourd'hui, et vous faisien pour le lendemain de grandes promesses que vous n'quiendrais pas.

HENRI, à part.

Il a de l'esprit.

MICHAU.

Mais apprenais que je n'sis pas courtisan, moi; que je m'appelle Michel Richard, ou putôt qu'on me nomme Michau, et j'aime mieux ça, parce que ça est pus court; que je sis meûnier de ma profession... (*lui rendant sa pièce.*) que je n'ons que faire de vot' argent, que je sons riche.

HENRI.

Tu me parais un bon compagnon, et je serai charmé de lier connaissance avec toi.

MICHAU, fronçant le sourcil.

Tu me parais..! avec toi..! Hé! mais v's'êtes familier, monsieur le mince officier du Roi... Hé mais, j'vous valons bian, peut-être, morgué! ne m'tutoyais pas, je n'aimons pas ça.

ACTE I, SCÈNE VI.

HENRI, du ton du badinage.

Ah! mille excuses, monsieur, bien des pardons.

MICHAU.

Eh! non, ne gouaillais pas; c'nest point que je soyons fiars; mais c'est que je n'admettons point de familiarité avec qui que ce soit que paravant je n'sachions s'il le mérite, voyais-vous?

HENRI, d'un air de bonté.

Je vous aime de cette humeur-là. Je veux devenir votre ami, M. Michau, et que nous nous tutoyions quelque jour.

MICHAU, lui frappant sur l'épaule.

Oh! quand je vous connaîtrons, ça s'ra différent.

HENRI, souriant.

Oh! oui, tout différent... Mais de grace, tirez-moi d'ici à présent.

MICHAU.

Très volontiers, et pisque vous êtes honnête, je veux vous faire voir, moi, que je sis bon homme.

DUO.*

Venez cheux nous, c'est moi qui vous en prie,
    Avec plaisir on vous y recevra ;
Ma femme est encor bien, et ma fille est jolie.
    A leur souper je vous convie,
    C'est l'amitié qui l'offrira.

HENRI, vivement.

Eh! quoi, vraiment, votre fille est jolie?
    Avec plaisir elle me recevra?
Allons, conduisez-moi, hâtons-nous, je vous prie,

---

* Ce duo est de *l'Armito dé san Jacqué*, opéra provençal.

Une aussi charmante partie
Pour moi trop tard commencera.

MICHAU.

Mais diable! quel gaillard! voyez comme il s'enflamme.

HENRI.

Oui, la beauté toujours eut des droits sur mon ame.

MICHAU.

Fort bien, on vous en gardera.

MICHAU et HENRI, à part.

Ah! l'aventure est singulière!
Sa franchise sait me plaire,
Vraiment
Le souper sera charmant.

MICHAU.

Vous devez avoir faim?

HENRI.

Une faim dévorante.

MICHAU.

Et soif à l'avenant?

HENRI.

Une soif de chasseur.

MICHAU.

Tant mieux, buvez-vous sec?

HENRI.

Toujours, et de grand cœur.
Et votre vin?

MICHAU.

Le Roi n'en boit pas de meilleur.
Il faut nous en donner, j'aurons l'ame contente.

HENRI.

Ventresaingris! je vous ferai raison.

MICHAU.

Ah! je voyons que vous êtes sincère,
Vous servez notre roi, pour moi la chose est claire,
Vous v'nez de dire son juron.

HENRI.

Allons, partons, la nuit avance,
Chez vous trop tard on attendra :
Le verre en main nous ferons connaissance,
Et nous serons d'accord, je pense,
Vous me convenez déjà.

ENSEMBLE.

Allons, partons, la nuit avance.
Le verre en main nous ferons connaissance,
Le souper sera charmant.
Allons, partons, on nous attend.

(Henri s'en va avec Michau qui le prend par la main.)

FIN DU SECOND ACTE.

ACTE TROISIÈME.

Intérieur de la maison du meûnier; l'on voit au fond une longue table sur laquelle le couvert est mis; la nappe et les serviettes sont de grosse toile jaune. A chaque extrémité est une pinte en plomb; les assiettes de terre commune, des timbales et des gobelets d'argent, des fourchettes de fer. Sur le devant, deux escabelles: près de l'une est un rouet à filer; au pied de l'autre est un sac de blé sur lequel est empreint le nom de Michau.

SCENE PREMIERE.

MARGOT, CATAU.

MARGOT.

Vois, Catau, vois, ma fille, s'il ne manque rien à not' couvert; si t'as ben apporté tout c'qui faut sur la table. V'là Michau, v'là ton père qui va rentrer de la forêt.

CATAU, regardant sur la table.

Non, ma mère, rian n'y manque. Tout est arrangé à présent; mon père trouvera tout prêt.

MARGOT, y regardant aussi.

Oui, oui, v'là qu'est ben, mon enfant. Le souper est retiré du feu; je l'ons mis sus de la cendre chaude: il n'y a pus rian à voir de ce côté-là; ainsi remettons-nous donc à not' ouvrage, car ne faut pas êt' un moment sans rian faire.

(Elles se remettent à l'ouvrage et s'asseyent, la mère auprès du rouet où elle file, tandis que sa fille prend de la toile pour coudre.)

CATAU.

Vous avez raison, ma mère.

MARGOT.

C'est que l'oisiveté est la mère de tous vices..... Eh! tiens, si c'te petite Hélène n'avait pas été élevée sans rian faire cheux c'te grande dame, elle n'aurait pas écouté ce biau marquis ; elle ne s'en serait pas allée avec lui, comme une criature, si elle avait su s'occuper comme nous, ma fille.

CATAU.

Tenez, maman, v'là mon frère qui arrive ce soir ; je gage qu'il nous apprendra qu'Hélène est innocente de tout ça?.. Oh! je le gagerais, car je l'ai toujours crue sage, moi.

MARGOT.

Oui, sage, je t'en réponds! v'là une belle sagesse, encore!... Mais n'en parlons plus, c'est une trop vilaine histoire.

CATAU.

Eh bien! ma mère, contez-moi donc d'autres histoires... contez-moi, par exemple, d'shistoires d'esprits. C'est ben singulier, je n'voudrais pas voir un esprit pour tout l'or du monde, et si s'tapendant, je sis charmée quand j'entends raconter d'shistoires d'esprits. Mais je n'en ai plus peur depuis ce qui est arrivé à ma cousine Jeannette.

MARGOT.

Et qu'est-ce qu'il ly est donc arrivé?

CATAU.

Comment, vous n'le savez pas ? elle m'le contait encore ce matin.

MARGOT.

Dis-moi ça, ma fille, dis-moi ça.

CATAU.

Écoutez, voici ce que Jeannette m'a conté :

AIR. *

Un soir rêvant de ma grand'tante,
La porte devant moi s'ouvrit.
Un spectre affreux qui m'épouvante,
Paraît, s'approche de mon lit.
Ses yeux brillaient d'une vive lumière,
Traînant sa chaîne avec fracas ;
Je tremble, je frissonne,
Au seul bruit de ses pas.
Ah ! ma tante, pourquoi, pourquoi cet air sévère ?
Ayez pitié de moi.
J'avais surmonté mon effroi,
Avec force j'appelle :
Suzanne ! Marton ! Suzanne ! Marton !
On vient pour dissiper cette frayeur mortelle ;
On m'écoute, on me plaint, l'esprit c'était Dragon,
Dragon..... le chien de la maison.
Je vois qu'il ne faut pas juger sur l'apparence
Et s'attacher aux erreurs de l'enfance.
Profitons de nos jeunes ans,
Jouissons des biens de la vie ;
La gaîté, l'aimable folie,
Nous promettent d'heureux instans.
Bientôt, j'espère,

---

* Ch. M. Weber, *Freyschütz*.

ACTE III, SCÈNE 1.

Un tendre frère
Nous rendra le bonheur.
Ah! bannissez le trouble qui vous presse,
Éloignez la tristesse
Qui veut s'emparer de vot' cœur.
Jouissons des biens de la vie,
Profitons de nos jeunes ans;
La gaîté, l'aimable folie,
Nous promettent d'heureux instans.

(On frappe à la porte.)

MARGOT, effrayée.

Qui va là? qui va là?

RICHARD, en dehors.

C'est moi; ouvrez.

CATAU, se rassurant.

Ça ressemble à la voix de mon frère Richard.

MARGOT.

C'est ly même.

CATAU.

Je vous ouvrir.

RICHARD, en dehors.

Ouvrez donc... Eh mais! ouvrez donc!

CATAU.

Est-ce vous, mon frère?

RICHARD.

Oui, ma sœur.

CATAU.

En êtes-vous ben sûr?

RICHARD.

Eh mais? sans doute, ouvrez donc!

SCENE II.

RICHARD, MARGOT, CATAU.

RICHARD, à Margot, en l'embrassant.

Comment vous portez-vous, ma mère ?

MARGOT.

Fort bien, mon cher enfant.

RICHARD, à Catau, en l'embrassant aussi.

Et vous, ma sœur Catau ?

CATAU.

A merveille, mon cher frère. Qu'avous fait ? Eh ben ! avous vu le Roi ?

MARGOT.

Est-il bel homme ?... Oh ! il doit être biau, il est si bon !

RICHARD.

Hélas ! je n'ai pas pu le voir... je vous conterai tout cela... Mais permettez-moi de vous demander auparavant où est mon père.

MARGOT.

Il a entendu tirer un coup de fusil, il est sorti pour aller voir qui s'peut être.

RICHARD.

Les braconniers ne vous laissent point tranquilles ?

MARGOT.

Oh ! c'est une varmine qu'on ne peut détranger.

MICHAU, frappant en dehors.

Holà ! hé ! Margot ! Catau ! eune lumière, eune lumière !

MARGOT, à Richard, en allant ouvrir la porte.

Tians, tians, v'là ton père qu'arrive.

SCENE III.

HENRI, MICHAU, MARGOT, CATAU, RICHARD.

MARGOT, à Michau.

Eh ben! le coquin qu'a tiré le coup de fusil est-y pris?

MICHAU, sans voir d'abord Richard, et montrant Henri.

Non, Margot; je n'ons rian trouvé que c't'étranger, à qui faut qu'tu donnes à souper, et un logement pour c'te nuit.

MARGOT.

Oh! j'ons ben, nous, trouvé eun étranger ben meyeur, puisqu'il nous appartient: (*montrant Richard.*) v'là Richard revenu.

MICHAU, poussant très fort Henri pour aller à Richard.

Not' fils est revenu!... Eh! le v'là, ce cher enfant!

HENRI, à part, et en riant.

Qu'il m'eût poussé un peu plus fort, et il m'eût jeté à terre.

MICHAU.

Mais queue joie de te revoir!... Eh bian! comment t'en va, mon garçon?

RICHARD.

A merveille, mon père, et le cœur attendri de votre bon accueil.

HENRI, à part.

Quelle joie naïve!

MICHAU.

Ma foi, monsieur, vous excuserais; je sis si ravi de voir ce pauvre Richard, si ravi!... (*à Richard, en tournant le dos à Henri.*) Ignia pus d'un mois que je n't'ons vu... Oh! oui, faut qu'gniait pus d'un mois.

MARGOT.
Je t'trouvons un peu maigri.
CATAU.
Oui, t'as la mine un peu pâlotte.
RICHARD.
Je me porte bien, ma mère; cela va bien, Catau.
MICHAU, s'asseyant.
Tant mieux, mon ami!... (*à Margot et à Catau.*) Mais aidez-moi un peu, vous autres, à me débarrasser de mes guêtres, car j'ons peine à nous baisser... Et toi, mon fils, dis-nous donc, acoute ici.

(Ils parlent bas tous quatre.)
HENRI, à part.
Quel plaisir! je vais donc avoir encore une fois la satisfaction d'être traité comme un homme ordinaire... de voir la nature humaine sans déguisement! cela est charmant... (*il les regarde*) Ils ne prennent pas seulement garde à moi.
MICHAU.
Mais enfin, Richard, qu'est-ce qui t'a fait revenir si tôt? Est-ce que t'aurais réussi? Aurais-tu parlé au Roi?
RICHARD.
Non, mon père, je ne l'ai pas vu plus que vous tous; et ce qui m'en a empêché, c'est que... (*regardant Henri.*) Je vous expliquerai cela en détail quand nous serons en particulier.
MICHAU.
T'as raison; mais à c't'heure-ci, moi, parlons donc de la chasse du Roi, qu'est venue ici de Fontainebleau. C'est singulier, ça!... Et ce monsieur, qu'est un petit officier de sa majesté, à ce qu'il dit, qui l'a suivie à la chasse, qui s'est égaré, et que je ramassons...

RICHARD.

Cela est très bien à vous, mon père, et nous le recevrons de notre mieux.

HENRI.

En vérité, messieurs, je suis bien sensible à vos bonnes façons pour moi. (*à part.*) Pardieu! ces paysans-ci sont de bonnes gens!

MICHAU.

Allons, Margot, allons, Catau, faites-nous souper, mes enfants.

MARGOT.

Not'homme, je vous demandons encore un petit quart-d'heure.

(*Elle sort.*)

SCENE IV.

HENRI, MICHAU, RICHARD, CATAU.

CATAU.

Mon père, v'là la nappe qu'était déjà mise d'avance... je vons charcher encore eun couvert pour monsieu... (*à Henri, en lui faisant la révérence.*) Monsieu a-t'y eun couteau sus lui?

HENRI.

Non, belle Catau, je n'en ai point.

CATAU.

Je vous apporterons celui de la cuisine.

(*Catau sort, et revient ensuite achever de mettre le couvert.*)

MICHAU.

Eh bien! mon garçon, dis-nous donc, queuq' t'as vu de biau à Paris?

RICHARD.

Mon père, quand j'y suis arrivé, tout Paris était encore ivre de joie de la convalescence de ce roi bien-aimé.

MICHAU.

C'a été d'même par toute la France, mon enfant.

HENRI, à part.

Quelle douce satisfaction !

RICHARD.

Oui, mon père. Hélas ! j'ai vu à Paris, tout le monde heureux, excepté moi.

HENRI, avec une grande vivacité de sentiment.

Excepté vous, M. Richard ? Eh ! pourquoi cette exception ? Quelle raison, quel chagrin vous avait donc fait quitter votre village pour aller à Paris ?

MICHAU.

Oh ! ça, c'est eune autre histoire, que Richard ne se soucie peut-être pas de vous dire, voyais-vous ?

HENRI, à Richard.

En ce cas-là, j'ai tort ; pardonnez mon indiscrétion.

MICHAU.

Oh ! ignia pas grand mal à ça. Et morgué !... j'oubliais... Richard, avant de souper viens-t'en ranger avec moi queuques sacs de farine qui sont dans not' cour. Ne faut point leux laisser passer la nuit à l'air... vous voulez bian le permettre, monsieur ?... Toi, Catau, reste avec not' hôte pour l'y tenir compagnie.

CATAU.

Vous n'aurez donc pas besoin de moi, mon père ?

MICHAU.

Non, fille, tians-toi là.

(Il sort avec Richard.)

SCÈNE V.

HENRI, CATAU.

HENRI, à part, sur le bord de la scène.

En vérité, la petite Catau est charmante... mais, charmante.

CATAU.

Queuqu'vous faites donc là tout debout dans un coin, monsieur? Que ne vous assisez-vous? J'vons vous chercher une chaise.

HENRI, la retenant.

Demeurez, belle Catau,... je ne souffrirai point que vous preniez cette peine.

CATAU.

Aga! v'là encore eune belle peine! Est-ce que vous nous prenais pour vos poupées de filles de Paris?... Mais lâchez, lâchez-moi donc la main!

HENRI, la lui retenant et la caressant.

Votre main! Oh! pour cela, non; elle est trop jolie; je veux la garder.

CATAU, retirant sa main rudement.

Oh! laissez, s'il vous plaît, j'n'aimons pas les complimens, et surtout ceux des messieurs. Ignia toujours à craindre pour les filles qui les écoutont... Je savons ça.

HENRI.

Oh! mon petit cœur, vous n'avez rien à craindre avec moi.

CATAU.

Je n'nous y fions pas, voyais-vous.

DUO. *

HENRI, à part.

Son regard me plaît, m'enchante,
Quel sourire plein d'attraits!

CATAU, à part.

De mon cœur sa voix touchante
Ne saurait troubler la paix.

HENRI, à part.

Tout en elle m'intéresse.

CATAU.

Avec quels yeux vous m'regardais!
Vraiment c'est trop de politesse;

HENRI.

Une grace enchanteresse
Vient briller sur tous ses traits.

CATAU.

Vraiment c'est trop de politesse;
Avec quels yeux vous m'regardais!

ENSEMBLE.

Son regard.... etc.

HENRI.

Avec cette mine jolie
L'aimable Catau, je parie,
Doit avoir bien des amoureux.

CATAU.

Quoique simple, l'on sait plaire;
Oui, nous avons des amoureux.

HENRI.

Celui que votre cœur préfère
Je le trouve bien heureux.

Rossini, *Cenerentola*.

CATAU.

Lucas est celui que j'aime,
Il n'est pas riche, Lucas;
Son bonheur serait extrême,
Mais mon père n'en veut pas.
Tant d'amour et de constance
Devraient le toucher enfin,
Mais Lucas perd l'espérance
D'obtenir un jour ma main.

HENRI.

Je me charge de cette affaire;
Il faut, il faut que votre père
Se rende enfin à vos vœux,
Je le veux absolument, je le veux.

CATAU, avec ironie.

Je le veux, je le veux, cela vous plaît à dire,
Le Roi dit nous voulons.

HENRI.

Si je dis, je le veux,
C'est que je le désire.

CATAU, à part.

Voyez quelle confiance!
Je ris de cette assurance:
On dirait qu'à sa puissance
Tout ici doit obéir.

HENRI, à part.

J'avais trop de confiance,
Je comptais sur ma puissance.
Mais il faut de la prudence,
Et j'ai pensé me trahir.

CATAU.

Pourquoi, monsieur, vous moquez-vous de moi?

HENRI.
Non, non, je vous en donne ici ma foi.
CATAU, à part.
Malgré moi, quelle espérance
Il fait naître dans mon cœur !
HENRI, à part.
Quelle douce jouissance !
Le bonheur de l'innocence
Est toujours cher à mon cœur.
CATAU, à part.
Malgré moi, quelle espérance
Il fait naître dans mon cœur !
Avec quelle confiance
Il me promet le bonheur !

SCÈNE VI.

MICHAU, MARGOT, RICHARD, HENRI, CATAU.

MICHAU.
Pardon, monsieu, de not' incivilitai, de vous avoir laissé seul avec c'te petite fille, qui ne sait pas encore entretenir les gens ; mais c'est qu'faut faire ses affaires, *primo* d'abord.
MARGOT.
Mon mari, tous est prêt pour le souper.

(Elle sort.)

SCÈNE VII.

HENRI, MICHAU, RICHARD, CATAU.

MICHAU, à Henri.

Eh bian! boutons-nous à table.

CATAU.

Faudrait l'avancer ici, la table... Mon frère, prêtez-moi un peu la main.

HENRI.

Laissez-moi faire, ma belle enfant, vous n'êtes pas assez forte.

CATAU, le repoussant.

Je ne sons pas assez forte..? Allons donc, monsieu, je ne souffrirons pas que cheux nous, vous preniez la peine...

HENRI.

Eh! non, laissez-moi faire.

MICHAU.

A nous deux, Richard...

(Michau et Richard apportent la table sur le devant du théâtre. Catau sort; Henri va chercher le banc, et place les deux chaises aux deux coins de la table.)

SCÈNE VIII.

MICHAU, HENRI, RICHARD.

MICHAU, à Henri, en lui arrachant une chaise de la main.

Oh! parguienne! monsieu, parmettez-nous d'faire les honneurs d'cheux nous.

HENRI.

Bon, bon! sans façon, M. Michau... oh! parbleu! sans façon.

MICHAU, lui arrachant l'autre chaise.

Non, monsieur, ça ne se passera pas comme ça, vous dit-on.

SCENE IX.

HENRI, MICHAU, RICHARD, MARGOT, CATAU, *apportant les plats du souper.*

MICHAU, à tout le monde.

Allons, boutons-nous vite tretous à table..... mettais-vous sur c'te chaise-là monsieu ; toi, Margot, prends c'taute chaise, et mets-toi là.

MARGOT.

Eh! non, prenais-la putôt ; vous avais d'couteume d'vous mettre sus eune chaise, mon ami.

HENRI, à Michau, en lui offrant sa chaise.

Mon Dieu! ne vous déplacez pas, M. Michau, reprenez votre chaise. Je serai ravi d'être sur le banc, moi : cela m'est égal, en vérité.

MICHAU.

Morgué! monsieu, est-ce qu'vous vous gaussez de nous, avec vos façons? j'savons vivre... est-ce qu'vous nous prenais pour des cochons? faut-y pas qu'un étranger ait le meyeur siége, donc?

HENRI.

Allons, allons ; j'obéis, monsieur.

MICHAU.

Vous faites bian, sied-toi donc, femme. Je voulons rester là, entre ma fille et mon fils. (*ils s'asseyent tous.*) Oh! ça, beuvons un coup d'abord; ça ouvre l'appétit.

HENRI.

Vous êtes homme de bon conseil, et vous inspirez la franche gaîté, M. Michau. (*refusant de la pinte, qui est devant Michau, et dont celui-ci lui offre, et se saisissant de celle qui est devant lui.*) Non, servez madame Michau. Je vais en verser, moi, à notre belle enfant, et je m'en servirai après.

MICHAU.

C'est bian dit... tiens donc, femme... tends donc, Richard... (*ils boivent tous à la santé de leur convié.*) Monsieu, j'ons l'honneur de boire à votre santai.

RICHARD.

Monsieur, permettez-vous?

HENRI.

Bien obligé, messieurs et mesdames... (*à Catau, en lui serrant la main.*) je vous remercie, charmante Catau.

CATAU.

Aye, aye! monsieu, comme vous me serrez la main! ça m'a fait mal, dea!

HENRI.

Pardon, ma belle enfant! Je suis bien éloigné d'avoir l'intention de vous faire du mal, au contraire.

MICHAU, servant Henri.

Tenais, monsieur, je vous sars, c'te première fois-ci: passé ça, sarvons-nous nous-mêmes, sans çarimonie. C'est aisé, car nos viandes sont toutes coupées.

HENRI, prenant ce que lui offre Michau.

Grand merci, monsieur... (*à Catau en la servant.*) Que j'aie l'honneur de vous servir, ma belle voisine. Je ne sais si vous avez de l'appétit, mais vous en donneriez...

CATAU.

C'est vot' grace... ben obligée, monsieu; v's'êtes ben poli!

MICHAU.

Prends donc, femme... allons, prenais, vous autres; je sis sarvi, moi... (*Ils mangent comme des gens affamés, Henri surtout; ce qui est marqué par des silences.*) V'là un biau moment de silence... Allons, ça va bian : nous mangeons comme des diables.

CATAU.

Il n'est chère que d'appétit.

HENRI, tout en mangeant.

Oh! ma foi, voilà un civet qui en donnerait, quand on n'en aurait pas. Il est accommodé admirablement bien.

MARGOT.

Oh! je l'ons accommodé à la grosse morguenne; mais c'est que monsieu n'est pas difficile.

RICHARRD.

Non ma mère; c'est que monsieur est honnête. Il veut bien trouver à son goût ce qu'il voit que nous lui donnons de bon cœur.

HENRI, en mangeant et dévorant encore.

Non, en vérité; sans compliment, ce civet-là est une bien bonne chose, d'honneur.

MICHAU, prenant la pinte.

Eh mais! si je beuviemes?

ACTE III, SCÈNE IX.

HENRI.

C'est bien dit, car je m'engoue... (*versant à Catau.*) Et puis je veux griser un peu mademoiselle Catau, pour savoir si elle a le vin tendre.

CATAU, haussant son gobelet.

Assais, assais, monsieu, comme vous y allais!
(Ils choquent tous et boivent.)

MARGOT.

Queuque t'as, mon fils, tu ne manges point?

RICHARD.

J'ai assez mangé, ma mère, et je n'ai rien.

MICHAU, la bouche pleine.

Eh bian! Richard, pisque tu ne manges pus, chante-nous la p'tite chanson... (*à Catau.*) ou pu-tôt, ma fille, commence, toi; ça vaura mieux.... Tians, dis-nous la celle que le garde-chasse rapportit de Paris, la semaine dergnière.

CATAU.

Laqueulle donc?

MICHAU.

Eh, parguenne! la celle que le Roi Henri a faite pour c'te belle dame qu'est blonde, comme l'dit la chanson.

HENRI, à Catau.

Vous la savez? Quoi, déjà?...

CATAU.

Oui sans doute. Je n'nous ferons pas presser; je n'avons pas une assez belle voix pour ça.

ROMANCE.*

Ah! belle blonde
Au corps si gent,

---

* Cette romance est de Thibault, comte de Champagne, qui l'a composée pour Blanche de Castille, mère de Saint Louis, en 1200.

Perle du monde
Que j'aime tant ;
D'une chose ai bien grand désir,
C'est un doux baiser vous ravir.

HENRI.

C'est chanter comme un ange! (*il embrasse Catau*) Cela mérite bien un baiser.

CATAU, honteuse, et s'essuyant la joue.

Pardi, monsieu, v's êtes ben libre avec les filles!..

MICHAU.

Allons, tu t'es attiré ça par ta gentillesse ; faut en convenir.

HENRI, gaîment.

Pardon, papa Michau, mademoiselle Catau m'avait transporté; ce refrain est si bien trouvé... je n'ai, ma foi, pas été maître de moi.

MICHAU, se versant à boire.

Gnia pas grand mal.

HENRI.

Mais il y a d'autres couplets?

MICHAU.

Chante-les ma fille ; (*sérieusement à Henri.*) mais y n'faudrait pas recommencer, au moins; j'vous en prions.... Guiable! y n'faut que vous en montrer, à ce qui me paraît.

CATAU commence le second couplet; Henri se détourne et chante avec elle ; Catau se tait et laisse chanter Henri tout seul.

HENRI.

Blonde jolie,
Que tant j'aimai,
Toute la vie

ACTE III, SCÈNE IX.

Vous servirai ;
Mais d'un' chose ai bien grand désir,
C'est un doux baiser vous ravir.

HENRI ET CATAU.

Si par fortune
Vous déplaisais,
Cent fois pour une
Vous le rendrais.
Ah! d'un' chose ai bien grand désir,
C'est un doux baiser vous ravir.

MARGOT.

La chanson est jolie.

RICHARD.

Et surtout bien chantée.

MICHAU, se versant à boire.

Eh! ben, moi, je vons itou vous dire une chanson, et pis vous viendrais me baiser par après, si j'l'ons méritai... attendais que je trouvions l'air... c'est l'air d'Henri IV, dans les Tricolets... la, la, la, la, la ; m'y voici, j'y suis.

AIR.

Vive Henri Quatre,
Vive ce roi vaillant!
Ce diable à quatre
A le triple talent
De boire, de battre,
Et d'être un verd galant.

Allons, chorû! mes enfans! chorû!

TOUS, excepté HENRI.

Vive Henri Quatre, etc.

(Pendant cet air Henri marque une sensibilité si grande, qu'elle paraît aller jusqu'aux larmes; et c'est dans ce point de vue qu'il doit jouer le reste de cette scène.)

MICHAU, à Henri.

Mais, parguenne! monsieu, beuvons à la santai de ce bon roi; et vous l'y dirais, au moins... Mais dites-l'y, vous qu'avais l'honneur de l'approcher, dites-l'y, promettez-le-moi.

HENRI.

Je vous le promets... il le saura sûrement.

(Ils se versent du vin et choquent tous avec le Roi.)

MARGOT, en se levant pour choquer.

Et que je l' bénissons.

MICHAU, en se levant et choquant.

Et que je l'chérissons.

CATAU, de même.

Et que je l'aimons pus que nous-même.

RICHARD, de même.

Et que nous l'adorons.

HENRI, à part.

Je n'y puis plus tenir!... je suis prêt à verser des larmes... de tendresse et de joie.

(Il se détourne.)

MICHAU.

Comme vous vous détournais! Est-ce que vous n'topais pas à tout ce que je disons là de not' roi, donc?

HENRI.

Si fait, mes amis... au contraire... votre amour pour votre roi... m'attendrit... au point que mon cœur.... Allons, allons, à la santé de ce prince.

(Ils choquent encore.)

MARGOT, à Henri.

De ce bon roi!

ACTE III, SCÈNE IX.

CATAU, à Henri.

De ce cher roi!

MICHAU, à Henri.

Dece vaillant roi!

RICHARD, à Henri.

De ce grand roi!

MICHAU, à Henri.

De ses enfans, de ses descendans!... Eh bian! dites donc itou un mot d'éloge de not' roi. Est-ce que vous n'oseriais le louer donc, vous? A'vous peur que ça n'vous écorche la langue? M'est avis, morgué! qu'vous n'l'aimais pas autant que nous... ne seriais-vous pas un de ces anciens ligueux? Oh! v'n'êtes pas un bon Français, morgué!

HENRI, dans le dernier attendrissement, et choquant.

Pardonnez-moi... de tout mon cœur... à la santé de ce bon roi!

MARGOT, après avoir bu, à Henri.

C'tapendant, ses louanges venont d'elles-mêmes à la bouche.

CATAU, de même.

Alles ne coûtent rian.

RICHARD, de même.

Elles partent du cœur.

MICHAU, de même.

Tatigué! ça fait du bian, de boire à la santé de Henri!... (*à tout le monde.*) Oh! ça, je n'mangeons pus; levons-nous de table. Aussi ben, quand on a eune fois bu à la santé du Roi, on n'oserait pus boire à la santé de parsonne.

(Henri, Michau, Catau viennent sur l'avant-scène; Margot et Richard emportent la table dans le fond du théâtre.)

FINALE.*

HENRI, à part.

Doux moment ! quelle ivresse
Vient s'emparer de mon cœur !

CATAU, à part.

Il m'a promis l'objet de ma tendresse,
Je puis encor espérer le bonheur.

MICHAU, à Henri.

Vous avez vu nos transports, notre ivresse ;
A ce bon roi, faites part de nos vœux.

RICHARD, MARGOT, de même.

A ses sujets son grand cœur s'intéresse,
Notre bonheur le rend heureux.

ENSEMBLE.

Doux moment ! etc.

(On frappe à la porte, Margot ouvre ; en apercevant Hélène elle témoigne sa surprise. Margot passe dans la cuisine en emportant des plats.)

SCENE X.

HENRI, MICHAU, RICHARD, LUCAS, HÉLÈNE EN PAYSANNE, CATAU.

LUCAS **, à Hélène.

Parlez, soyez sincère,
Monsieur Richard est là.

(à part.)

Je d'vine le mystère,
Bien fou qui la croira.

MICHAU, à Hélène.

Eh ! quoi, c'est vous ?

* Ch. M. Weber, *Freyschütz.*   ** Rossini, *la Pietra di Paragone.*

ACTE III, SCÈNE X.

HÉLÈNE, à Michau.

Ici je dois me rendre ;
De grace, calmez-vous ;
Daignez, daignez m'entendre,
Je suis à vos genoux.

MICHAU.

Que voulez-vous ? quelle impudence !
Mais, quel est donc votre projet ?
Osez-vous bien paraître en ma présence,
Après ce que vous avez fait ?

CATAU, RICHARD.

Mon père, il faut l'entendre ;
De grace, calmez-vous.

(à part.)

Hélas ! que vais-je apprendre ?
Moment cruel et doux !

HÉLÈNE.

Grand Dieu, prends ma défense !
Tu vois mon innocence ;
Une fausse apparence
Dépose contre moi.

MICHAU.

Voyez quelle audace ;
D'ici je vous chasse,
Et vous savez pourquoi.

HÉLÈNE.

Rendez-moi votre estime ;
Vous seriez trop puni,
Quand vous saurez le crime
Du traître Concini.

HENRI, à part.

Concini !....

(à Michau.)

Quelle est donc cette fille ?
Pourquoi tant de rigueurs ?

Elle est vraiment gentille,
Voyez, voyez ses pleurs !
MICHAU.
Elle a suivi ce perfide marquis,
Plutôt que d'épouser honnêtement mon fils.
RICHARD, bas à son père.
Sur cette affaire,
Sur ce mystère,
Il faut se taire,
C'est plus prudent.
HENRI, à part.
De cette affaire,
De ce mystère,
Je vais m'instruire en ce moment.

SCENE XI.

LES PRÉCÉDENS, MARGOT, LE GARDE-CHASSE.

MARGOT.
Voici monsieur le garde-chasse.
MICHAU.
Que nous veut-il en ce moment ?
LE GARDE-CHASSE.
Monsieur Michau, je conduis avec moi
Deux officiers de la suite du Roi.
Ils ont su de mon fils
Que vous aviez chez vous quelqu'un de leurs amis.
HENRI, à part.
C'est moi qui suis de leurs amis.

SCÈNE VII.

LES PRÉCÉDENS, CONCINI, BELLEGARDE.

MICHAU.

Entrez, messieurs, voyez, connaissez-vous
Ce monsieur-là ?

BELLEGARDE, CONCINI.

Surprise extrême !
Eh ! quoi, c'est vous, Sire ?

TOUS.

Le Roi lui-même !
Notre bon prince, il faut tomber à ses genoux.

HENRI.

Mes bons amis, relevez-vous.

HÉLÈNE.

Sire, je reste à vos genoux.

CONCINI, à part.

Hélène, ciel !....

HÉLÈNE.

Je viens y demander justice
De l'attentat d'un ravisseur.
De Concini connaissez l'artifice,
C'est lui qui causa mon malheur.

HENRI.

Juste ciel ! quelle audace !
Concini, je vous vois interdit.

CONCINI.

Sire, c'est qu'un rien m'embarrasse.
Mais pourquoi n'avouerai-je pas
Une simple galanterie ?

HENRI.

Fort bien.... quelle galanterie !

BELLEGARDE.

Mais, Sire, il ne faut pas le prendre au sérieux.

CONCINI.

Oui, j'en conviens, par fantaisie,
D'Hélène j'étais amoureux ;
A Paris je la fis conduire.

HENRI.

Voilà ce que je punirai.

CONCINI.

Sire, j'ai fait une imprudence,
Mais j'implore votre clémence.

HENRI.

Je punirai la violence.

TOUS, à part.

Il a recours à sa clémence,
Mais notre roi le punira.

CONCINI.

J'obéirai.

(Montrant Hélène.)

Mais je dois le dire à sa gloire,
Son austère vertu me repoussa toujours ;
Et pour obtenir la victoire
Hélène menaça d'attenter à ses jours.

CATAU.

Ah! vraiment, j'en suis ravie !
Mon Hélène, tendre amie,
Cet aveu te justifie.
Pour Richard quel heureux jour !

CONCINI.

Cet aveu la justifie,
Et j'abjure mon amour.

ACTE III, SCÈNE XII.

TOUS.

Cet aveu me la justifie ;
Ah ! pour nous quel heureux jour !

MICHAU, à Richard.

Cet aveu la justifie,
Elle est digne de ton amour.

HENRI.

Je garderai toute ma vie
Le souvenir de ce beau jour.

(à Concini.)

Marquis, retirez-vous ; sans mon ordre à la cour
Gardez-vous de paraître.

(Concini sort.)

SCENE XIII.

TOUS, EXCEPTÉ CONCINI.

HENRI, à tout le monde.

Et vous, songez à vous soumettre
Aux ordres que je vais vous dicter en ce jour :
Nous voulons que Richard épouse son Hélène,
A la belle Catau vous donnerez Lucas ;
Le Roi l'avait promis, vous ne le saviez pas.
Il leur donne à chacun quatre cents écus d'or
De sa visite ici je veux qu'on se souvienne.

CHOEUR GÉNÉRAL.

Vive le roi ! vive à jamais
Ce roi modèle de clémence,
La gloire et l'honneur de la France.
Prince, l'amour de vos sujets
Peut seul payer de tels bienfaits.

FIN DU TROISIÈME ET DERNIER ACTE.

www.ingramcontent.com/pod-product-compliance
Lightning Source LLC
LaVergne TN
LVHW050303090426
835511LV00039B/1247